pixi WISSEN

Ballett

W0320447

Einfach gut erklärt von Nicole Künzel,
mit Bildern von Dorothea Tust

CARLSEN

Was ist Ballett?

Hast du schon einmal gesehen, wie Tänzer sich scheinbar mühelos bewegen? Wie sie in die Luft springen, einen Spagat machen und elegant durch den Raum gleiten? Das ist Ballett!

Wie tanzt du Ballett?

Ballett ist eine künstlerische Form des Tanzes, bei der die Tänzer von Musik begleitet werden. Du kannst Ballett allein, zu zweit oder in einer Gruppe tanzen.

Was gehört zum Ballett?

Neben dem **Tanz** ist die **Musik** ein wichtiges Element des Balletts – sie begleitet jede Aufführung und fast immer die Ballettstunden. Auch die **Gestik (Körpersprache)** und die **Mimik (Gesichtsausdruck)** der Tänzer sind wichtig, denn durch sie werden Gefühle ausgedrückt und Handlungen dargestellt. Bei einer Aufführung sind die Kostüme und das Bühnenbild von großer Bedeutung.

Seit wann gibt es Ballett?

Die Ursprünge des Balletts liegen im 15. und 16. Jahrhundert. Zu dieser Zeit wurden an italienischen und französischen Fürstenhöfen prunkvolle Feste mit Bühnentänzen gefeiert.
Im 17. Jahrhundert war der König von Frankreich, Ludwig XIV., so begeistert vom Ballett, dass er in Paris die „Königliche Akademie des Tanzes" („Académie royale de danse") gründete. Dank der Leidenschaft des Königs verbreitete sich die neue Art des Tanzes in ganz Europa. In dieser Zeit durften auch Frauen zum ersten Mal öffentlich auf der Bühne Ballett tanzen.

Schon gewusst?

Ludwig XIV. war ein sehr mächtiger König, der sich oft mit einer alles überstrahlenden Sonne verglich, daher trug er den Namen „Sonnenkönig". Er tanzte sehr gern und spielte in einem Ballettstück ...

a) eine Krone. b) eine aufsteigende Sonne.
c) einen goldenen Stier.

Lösung: b)

Die Sprache des Balletts

Französisch ist die Ballettsprache auf der ganzen Welt, denn das Ballett wurde stark von Frankreich geprägt. Die Übungen und Namen aus der damaligen Zeit werden bis heute verwendet.

Balletttänzer sind Schauspieler

Die Balletttänzer auf der Bühne sind zugleich **Schauspieler**. Sie sprechen keine Texte, doch sie drücken durch ihre Körper und ihre Bewegungen Gefühle aus, die zu der dargestellten Geschichte und zur Musik passen. Das kann zum Beispiel Freude, Trauer, Wut, Liebe oder Hass sein.
Auf den Zuschauer soll das Tanzen immer völlig mühelos wirken.

Kleine Mimikübung

Versuche auch einmal mit deinem Körper Gefühle auszudrücken. Stelle dich vor einen Spiegel und beobachte, wie sich deine Körperhaltung und dein Gesichtsausdruck ändern, wenn du fröhlich aussehen willst. Und wie siehst du aus, wenn du traurig bist? Das macht auch mit Freunden Spaß. Versucht abwechselnd zu erraten, welche Gefühle die anderen darstellen.

Wer tanzt Ballett?

Jeder kann mit dem Balletttanzen beginnen. Wichtig für einen guten Tänzer sind Spaß am Tanzen und an Musik. Gute Balletttänzerinnen und Balletttänzer trainieren jahrelang. Im Laufe einer Ballettausbildung wird der Körper beweglicher, das Gleichgewicht geschult und die Körperbeherrschung verbessert.

Schon gewusst?

Was ist ein Tutu?

a) Ein Tutu ist ein aus mehreren Tüllschichten gefertigter Rock. Das Tutu wird für den Bühnentanz verwendet.
b) Ein australischer Vogel
c) Ein französischer Bühnentanz

Lösung: a)

Was brauchst du zum Tanzen?

Zum Ballettunterricht trägst du am besten bequeme Kleidung. Sie sollte recht eng anliegen, damit der Tanzlehrer deine Körperhaltung gut erkennen kann. Mädchen tragen meist ein Trikot, eine Strumpfhose oder Söckchen und Ballettschuhe, die „Schläppchen“.

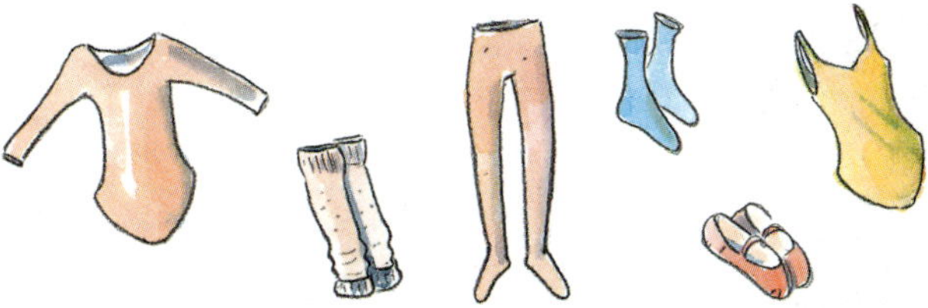

Jungen kleiden sich mit einem Trikot oder T-Shirt, einer kurzen Hose oder einer Strumpfhose und ebenfalls mit Schläppchen.

Lange Haare werden am besten hochgesteckt. Bei einer Aufführung tragen die Tänzer oft aufwendige Kostüme.

In der Ballettschule

Im Ballettsaal hast du viel Platz zum Tanzen. Du kannst dich drehen und wenden, springen, gehen, laufen und durch den Raum wirbeln.

An den Wänden des Ballettsaales befinden sich **große Spiegel**. Darin kannst du deine Körperhaltung und die Bewegungen sehen und sie immer wieder korrigieren.

Der Fußboden des Ballettraumes ist aus Holz oder Kunststoff und federt etwas, wenn du auf und ab springst.

Viele Übungen tanzt du an einer Stange, die an den Wänden befestigt ist. Sie wird auch **Barre** genannt.

Im Unterricht begleiten häufig Klavierstücke die Bewegungen der Tänzer. Meist kommt die Musik von einer CD, manchmal von einem Klavierspieler, der mit der Tanzlehrerin oder dem Tanzlehrer zusammenarbeitet. So lernst du, deinen Körper zum Takt der Musik zu bewegen.

Die Ballettstunde

Die Ausbildung eines Balletttänzers kann man auch mit einem Puzzle vergleichen. Immer kommt ein Stückchen hinzu: eine neue Position, neue Verbindungsschritte zwischen den einzelnen Figuren, Drehungen oder Sprünge.

Relevé in erster Position

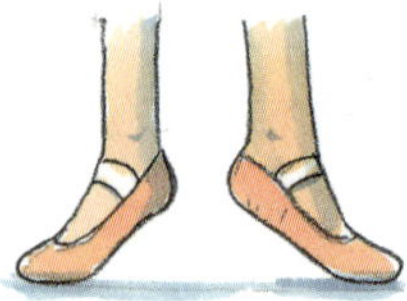

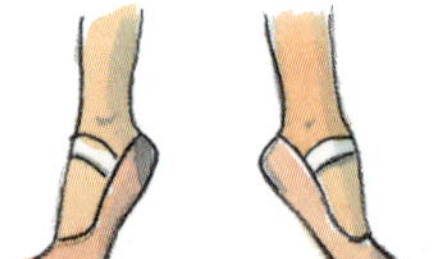

Zu Beginn der Ballettstunde wärmst du dich auf, um Verletzungen beim Üben zu vermeiden. Nach und nach lernst du die ersten Ballettschritte und Bewegungen.
Auch die Körperhaltung wird geübt. Für die Ballettschritte, die im freien Raum einstudiert werden, brauchst du eine gute Haltung.
Immer wieder trainierst du auch an der Ballettstange.

Die ersten Bewegungsübungen

Pliés sind Beugungsübungen. Sie eignen sich gut zum Aufwärmen. Ein **Grand-plié** ist eine tiefe Kniebeuge. Ein **Demi-plié** ist eine halbe Kniebeuge, bei der die Fersen noch den Boden berühren. Daneben gehören auch die **Relevés** zu den ersten Bewegungsübungen. Der Name kommt vom französischen Wort relever (erheben).

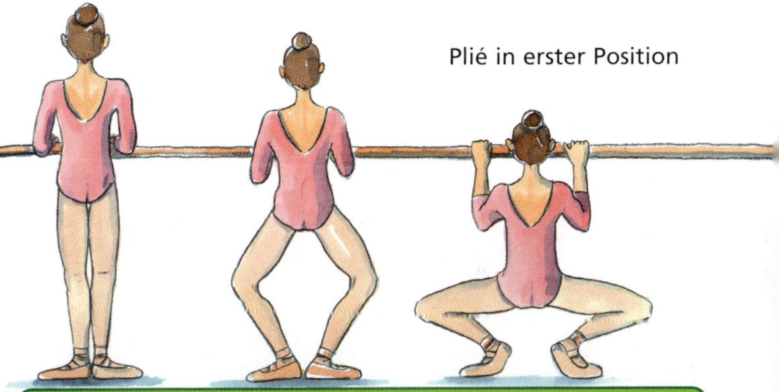

Plié in erster Position

Schon gewusst?

Was ist eine Révérence?

a) Durch die Révérence drückst du Langeweile aus.
b) Durch die Révérence drückst du Dank aus.
c) Durch die Révérence drückst du Orangen aus.

Lösung: b)

Was sind die Grundpositionen?

Es gibt fünf Grundpositionen, die einen Tänzer sein Leben lang begleiten. Diese Grundpositionen sind die Basis für alle weiteren Schritte und Übungen. Die korrekte Haltung der Hände, Arme, Beine und Füße, ja sogar der Finger wird Schritt für Schritt in langsamen Bewegungen geübt. Auch die besten Tänzer nehmen immer wieder diese Grundpositionen ein.

1 Erste Position: Du hältst die Arme nach vorn. Die Fersen stehen dicht beieinander, die Füße sind auswärts gedreht.

2 Zweite Position: Öffne die Arme weit und stelle die Füße auseinander.

3 Dritte Position: Strecke einen Arm weg, den anderen hältst du nach vorn. Die Füße stehen leicht versetzt voreinander.

4 Vierte Position: Strecke einen Arm nach oben. Die Füße stehen mit einem kleinen Abstand voreinander.

5 Fünfte Position: Halte beide Arme nach oben. Die Füße stehen dicht voreinander.

Wichtige Ballettfiguren

Die Arabesque

Die Arabesque ist eine anmutige Pose (Haltung) im Ballett. Dabei balanciert die Tänzerin auf einem Bein und streckt das andere weit nach hinten.

Die Pirouette

Bei der Pirouette dreht sich die Balletttänzerin auf einem Bein. Um dabei die Balance zu halten, muss sie eine gute Körperspannung haben.

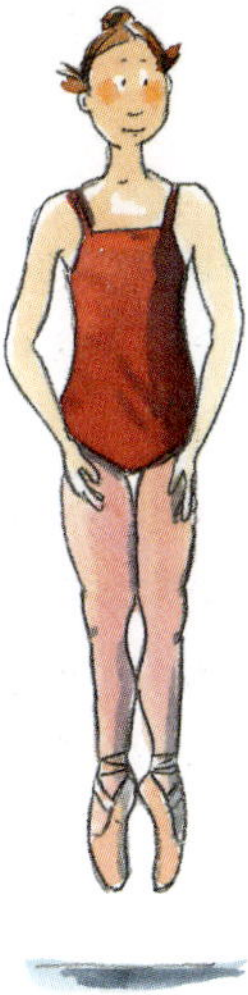

Die Sprünge

Die Sprünge der Balletttänzer sind eindrucksvoll anzusehen. Je nach Art des Balletts und dem Können der Tänzer gibt es unterschiedlich hohe und weite Sprünge. Um gut springen zu können, brauchen die Tänzer kräftige und elastische Muskeln und Sprunggelenke.

Was ist ein Pas de deux?

Bei einem Pas de deux tanzen eine Tänzerin und ein Tänzer gemeinsam. Dabei bilden beide trotz der unterschiedlichen Tanzschritte eine Einheit. Die Tänzer springen gleichzeitig in die Luft oder drehen Pirouetten. Sogar, wenn ein Tänzer seine Partnerin in die Luft hebt, sieht es noch mühelos und leicht aus.

Auf der Spitze tanzen

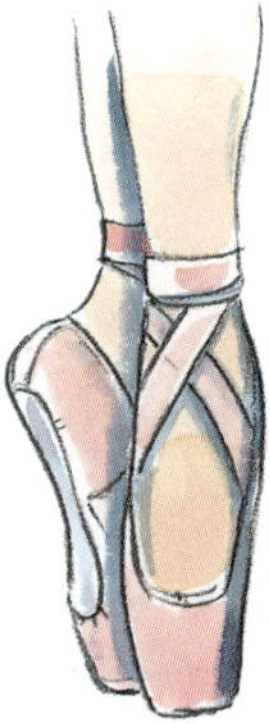

Ist die Muskulatur einer Ballerina kräftig genug, kann sie das Tanzen auf den Zehenspitzen lernen. Der erste Spitzentanz wurde 1832 von Marie Taglioni vorgeführt. Zuvor tanzten die Ballerinas in einfachen Satinschuhen und setzten dabei den Fuß mit dem Ballen auf.

Der Körper einer Ballerina oder eines Balletttänzers muss gut auf die hohen Anforderungen des Tanzens auf den Fußspitzen vorbereitet werden. Die Tänzer sollten sich dabei nicht auf die Schuhe stützen, sondern auf der Muskulatur ihrer Füße balancieren.

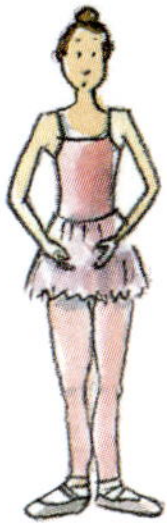

Die Spitzenschuhe sind extra für diese Tanzform gefertigt und mit Satin überzogen. Sie müssen den Füßen der Ballerina optimal angepasst sein, da es sonst zu schmerzhaften Druckstellen kommen kann.

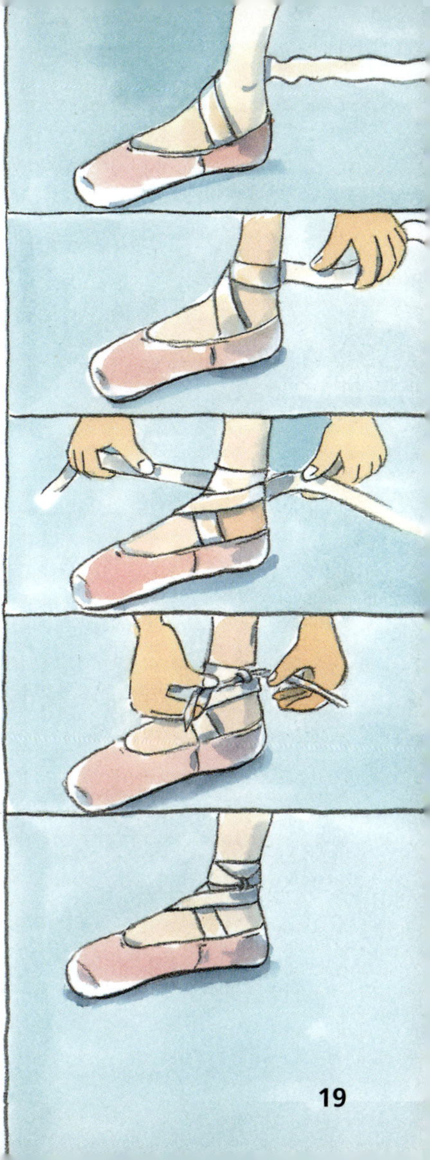

Die Ballettaufführung

Die **Kostüme** und die **Kulisse** sind bei einer Vorführung besonders wichtig. Sie sorgen für die richtige Atmosphäre eines Stückes. Die Garderobe der Tänzer kann fantasievoll und reich verziert oder auch schlicht und elegant sein. Die Frisuren und der Kopfschmuck sind genau darauf abgestimmt.

Immer wieder übt der **Choreograf** mit den Balletttänzern die Tanzschritte ein. Choreografen erfinden Tänze und legen die Schritte der Tänzer passend zur Musik fest.

Die letzte Probe vor der Aufführung heißt **Generalprobe**. Dann hebt sich der Vorhang und die Aufführung beginnt. Viele Ballette erzählen eine Geschichte. Manchmal werden auch Märchen dargestellt, zum Beispiel Aschenputtel.

Berühmte Ballette

Kein Ballettstück gleicht dem anderen. Es gibt moderne und romantische, humorvolle und poetische Ballette. Manche Stücke werden seit vielen Jahren immer wieder aufgeführt.

Schwanensee wurde von Peter Tschaikowsky komponiert und 1877 in Moskau zum ersten Mal aufgeführt. Das Ballett erzählt von Prinz Siegfried und Prinzessin Odette, die von einem Zauberer in einen Schwan verwandelt wird.

Giselle wurde von Adolphe Adam komponiert und 1841 an der Pariser Oper zum ersten Mal aufgeführt. Es erzählt die Geschichte der Bauerntochter Giselle und des Prinzen Albrecht, die sich ineinander verlieben.

Das bekannte Märchen **Dornröschen** gibt es auch als Ballett. Prinzessin Aurora fällt in einen tiefen Schlaf, aus dem sie nach hundert Jahren von einem Prinzen wachgeküsst wird.

Das Ballettstück **Der Nussknacker** wurde ebenfalls von Peter Tschaikowsky komponiert. Darin bekommt das Mädchen Klara einen Nussknacker geschenkt, der zum Leben erwacht.

KuriosAh!

Ist ja echt spitze

Wie anmutig!
Die Tänzerin bewegt sich elegant über die Bühne, sie breitet die Arme aus, stellt sich ganz vorn auf die Zehenspitzen und dreht sich viele Male um sich selbst.
Moment mal – sie stellt sich ganz vorne auf die Zehenspitzen? Wie soll das gehen?

Bei uns Menschen funktioniert das nur mit speziellen Ballettschuhen, den Spitzenschuhen.

Aber – wer hätte das gedacht –

es gibt Tiere, die immer auf ihren Zehenspitzen laufen. Diese **Zehenspitzengänger** sind nicht unbedingt die Tiere mit dem elegantesten Gang:

Elefanten, Kühe und Pferde gehören dazu. Sie tragen natürlich keine Spitzenschuhe, brauchen aber eine andere Verstärkung der Fußspitze: Bei Pferden und Kühen sind das die Hufe, bei Elefanten ein dickes Fettpolster.

Hunde, Katzen und Vögel gehen nicht auf den Zehenspitzen, sondern auf den ganzen Zehen. Sie sind Zehengänger.

Und dann gibt es noch die wie die Bären und die Affen. Sie berühren den Boden mit der ganzen Fußsohle. Auch wir Menschen sind übrigens Sohlengänger – mit Ausnahme vielleicht einer Ballerina bei der Arbeit.

Ah!

Pixi Wissen Lexikon

Arabesque Die Tänzerin oder der Tänzer steht auf einem Bein. Das andere wird gestreckt und nach hinten gehoben.

Attitude Ein Bein wird gebeugt und nach vorne oder hinten gehoben. Das Standbein bleibt dabei gestreckt.

Battement jeté Ein Bein wird in einer bestimmten Höhe in die Luft geworfen.

Battement tendu Dabei wird ein Bein gestreckt und der Fuß macht eine Bewegung entweder nach vorn, nach hinten oder zur Seite, bis nur noch die Fußspitze den Boden berührt. Der Fuß verlässt die ganze Zeit nicht den Boden.

Croisé Ein Bein kreuzt das andere vor oder hinter dem Körper. Der Körper wendet sich dabei leicht vom Publikum ab.

Demi(e) halb

Grand(e) groß

Pas couru Du machst mehrere kleine „trippelnde" Schritte hintereinander. Dabei zeigen die Fußspitzen nach vorne.

Pas de deux Dabei tanzen eine Tänzerin und ein Tänzer gemeinsam.

Petit(e) klein

Pirouette Du drehst dich auf einem Bein um deine Körperachse.

Plié Du machst eine Kniebeuge mit einem oder beiden Beinen. Dabei sind die Fußspitzen und die Knie nach außen gedreht.

Relevé Deine Füße sind auswärts gedreht und die Fersen werden auf unterschiedliche Höhen gehoben.

Pixi Wissen Quiz

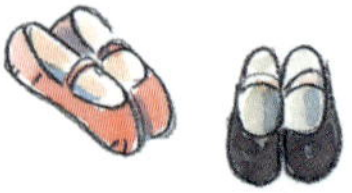

1. Warum werden die Übungen und Positionen im Ballett in französischer Sprache gesprochen?

a) Weil nur in Frankreich Ballett getanzt wird
b) Weil es sich so schön anhört
c) Weil das Ballett im 16. Jahrhundert von Frankreich geprägt wurde. Übungen und Positionen aus dieser Zeit werden bis heute getanzt.

2. Das Russische Staatsballett ist …

a) der Name eines Ballettstückes, in der ein König eine Hexe verzaubert.
b) eine russische Fußballmannschaft.
c) ein russisches Ballettensemble und wurde 1981 von Irina Tichimirova gegründet.

3. Warum gibt es in einem Ballettsaal Spiegel?

a) Damit man sich besser schminken kann
b) Um die eigene Körperhaltung verbessern zu können
c) So sieht der Raum schöner aus.

4. Was ist eine Generalprobe?

a) Die letzte Probe vor der Erstaufführung
b) Eine Schule für Soldaten
c) Eine Umkleidekabine für Sumoringer

5. Ein Choreograf ist ...

a) jemand, der mit den Tänzern die Tanzschritte passend zur Musik einstudiert. Er wählt auch die Kostüme und das Bühnenbild aus.
b) ein Musikinstrument.
c) ein Kostüm.

6. Was ist ein Pas de deux?

a) Ein Musikstück
b) Dabei tanzen ein Junge und ein Mädchen gemeinsam Ballett.
c) Eine Kuchensorte

7. Peter Tschaikowsky war ein ...

a) Komponist vieler Ballettstücke.
b) Pilot.
c) Perlentaucher.

Mit Wissen macht Ah!
EXTRASEITEN

Pixi Wissen

Band 1

Band 3

Band 4

Band 10

Band 23

Band 33

im Überblick:

Band 17

Band 36

Band 65

Band 67

Band 89

Band 91

Basiswissen für die Grundschule

Band 85

Band 86

Band 87

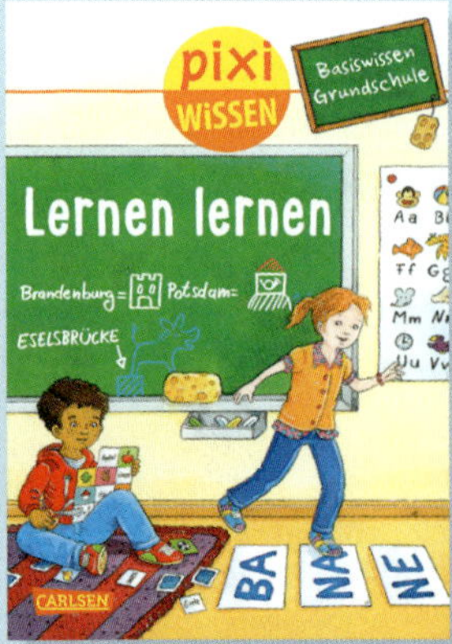

Band 88

Weitere Infos und Buchtipps auf www.carlsen.de